novum pro

Claudia W.

Reflektionen des Lebens

Die zweite Sicht

novum pro

www.novumverlag.com

Bibliografische Information
der Deutschen Nationalbibliothek:

Die Deutsche Nationalbibliothek
verzeichnet diese Publikation in
der Deutschen Nationalbibliografie.
Detaillierte bibliografische Daten
sind im Internet über
http://www.d-nb.de abrufbar.

Alle Rechte der Verbreitung,
auch durch Film, Funk und Fernsehen,
fotomechanische Wiedergabe,
Tonträger, elektronische Datenträger
und auszugsweisen Nachdruck,
sind vorbehalten.

© 2021 novum Verlag

ISBN 978-3-99107-424-3
Lektorat: Susanne Schilp
Umschlagabbildung: Claudia W.
Umschlaggestaltung, Layout & Satz:
novum Verlag

Gedruckt in der Europäischen Union
auf umweltfreundlichem, chlor- und
säurefrei gebleichtem Papier.

www.novumverlag.com

Inhaltsverzeichnis

Du 7
Reißleine 9
Distanz auf Befehl 11
Geschwisterliebe 14
Gläsern 16
(Mutter)Liebe 18
Die stolze Rose 20
Ein Glas Wein 22
Der Narzisst 24
Der Narzisst II 26
Der falsche Traum 28
Das Gras auf der anderen Seite 30
Wer ist reich? 32
Wer bin ich? 34
Unfair 36
Bumerang 38
Gewohnt 39
Glück 41
Das Streben nach Glück 43
Überleben zu welchem Preis? 44
Die Wendung 46
Gestern 48
Sich öffnen 49
Der Weg 51
Warum 53
Das liebe Geld 55
Der Baum 58
Der Sommer 60

Du

Du hast mir das angetan
Du hast mich verletzt
Hast mich gekränkt in deinem Wahn
Gefangen in dem Netz
Hast mich beleidigt stetig wieder
Mich ewig unterdrückt
Auf mir getrampelt wie ein Krieger
Und warst dabei entzückt
Du hast das aus mir gemacht
Was ich heute bin
Eine Hülle in der Nacht
Ohne Wert und Sinn
Du hast Schuld an meinem Leben
In dem ich vegetieren muss
Konntest niemals Liebe geben
Geschweige denn von einen Kuss
Geopfert hast dein eignes Kind
Auf dass es dir gut geht
Zig Jahre sind dahin geschwind
Nach mir sich niemand sehnt
Das hat vorher niemand getan
Hab einfach keinen Wert
Keine Chance in deinem Bann
Das hast du mich gelehrt
Du hast mir das angetan
So viele Jahre lang
War überzeugt, das müsse man
Ertragen, du bist Mom
Jahre ich durchs Leben irrte
Hab viel Leid erlebt
Du warst niemals mein Gefährte
Hast nur an mir geklebt
Ich dachte nur, es muss so sein
Weil es nichts andres gibt

Nach Jahren seh' ich endlich ein
Du hast die Chance versiebt
Mutter wolltest du nie sein
Nur gebären was dich liebt

Doch heute fängt mein Leben an
Nach so vielen Jahren
Denn jetzt habe ich erkannt
Was ich hab erfahren
DU ist heute nicht mehr wahr
Ab heute zählt das ICH
Du hast mir das angetan
Doch länger zählt das nicht
Ich bin meines Glückes Schmied
Und du bist aus dem Spiel
Aus DU wird ICH – und nun geschieht
Nur noch was ich will

Reißleine

Müßiggang so sagt man doch
Ist aller Anfang Laster
Verkriech dich nicht in einem Loch
Sonst fällst du durch das Raster

Du hast nen Job tagaus tagein
Und machst ihn wirklich gern
Hüllst dich nie in Watte ein
Das liegt dir völlig fern

Du tust und tust und schuftest nur
Ein Leben wie es soll
Gibt's für dich nicht, Arbeit pur
Ohne jeden Groll

Es macht doch Spaß, du machst es gern
Merkst nicht wie es zerfrisst
Deine Seele deinen Kern
Gibt nichts, was du vermisst

Nach 20 Jahren wirst du krank
So wie so oft zuvor
Liegst halbwegs auf der Sterbensbank
Und kriechst nie mehr hervor

Kannst nicht versteh'n, dass du so blind
Nun vor dem Ende stehst
Wertlos bist du nun geschwind
Man will, dass du jetzt gehst

Ausgedient hast du ja nun
Man braucht dich jetzt nicht mehr
Bist doch selbst Schuld nur durch dein Tun
Im Inneren bist du leer

Die supertolle Reißleine
Du hast sie nicht gezogen
Gab es überhaupt eine?
Hat man mich drum betrogen?

Und während du ums Leben ringst
Dein Chef die Hände reibt
Ein Lachen dir entgegenbringt
Egal wohin's dich treibt

Distanz auf Befehl

Blickst du auf die Vergangenheit
10.000 Jahre oder mehr
Schon immer hatte die Menschheit
Krankheiten, ob leicht ob schwer
Wie viele sind dahingerafft
Denk doch nur an die Pocken
Wurden grässlich angegafft
Hoben jeden aus den Socken

Ob AIDS oder die Schweinepest
die Grippe … BSE
Gab der Menschheit fast den Rest
Tat ziemlich vielen weh
Verkehrsunfälle jeden Tag
Mehr Opfer als vorher
Doch was es dennoch immer gab
Zusammenhalt und Nähe

Dann bricht ein kleiner Schnupfen aus
Die Panik, sie ist groß
Die Presse wittert ihren Schmaus
Verkaufts als Titel bloß
Auch andren kommt ein Nieser recht
Ausschlachten kann man dies
So gehen diese ins Gefecht
Auf eine Art sehr fies

Im Vergleich zu dem vorher
Der Schnupfen so schlimm nicht
Doch schnell müssen Befehle her
Und niemand hat in Sicht
Die Auswirkung auf lange Zeit
Den Domino-Effekt
Auf Befehl nun Einsamkeit
Hat keiner das gecheckt?

Distanzieren musst du dich
Weil man es dir befahl
Dein Leben zieht dahin an sich
Und du hast keine Wahl
Musst leiden unter diesem Druck
Begründung gänzlich fehlt
In deinen Maulkorb du nun spuckst
Der Schnupfen dich nicht quält!

Die Vorgaben, sie lassen dich
Langsam zugrunde geh'n
Die Menschlichkeit ist das was wich
Folgen nicht abzuseh'n

In den Ehen gibt es Streit
Opfer durch Gewalt
Es gibt keine Heiterkeit
Ist nur noch eisig kalt
Die die du liebst, die darfst du nicht
Umarmen oder küssen
Liebe, Nähe, kein Gewicht
Weinst einsam in dein Kissen

Auch deine Arbeit du verlierst
Man kann dich nicht bezahl'n
Du einfach dahin vegetierst
Aus aufgebauschtem Wahn
Totschlag, Kämpfe, Machtgefecht
Scheidung und Depression
Erstickungstod durch Maskenpflicht
Das ist der reinste Hohn

Der Schnupfen trägt nicht Schuld daran
Nur was dahinter steckt
Wenn man die Folgen sieht jetzt an
Ein solch schweres Gepäck
Der Schnupfen selbst, er tat nicht weh
Denn hast du je erlebt
Dass eine Kuh mit BSE
Einen Mundschutz trägt?

Geschwisterliebe

Wenn man noch ist ein kleiner Fratz
Und lebt mit seinem Bruder
Gibt's oft Streit wie Hund und Katz
Der andere ist ein Luder

Doch ein paar Jahre später dann
Beginnt man sich zu lieben
Hat Spaß zusammen hier und wann
Wird sich nicht mehr belügen

Ein festes Band nach langer Zeit
Entsteht mit viel Bedeutung
Aus Lachen und Gemeinsamkeit
Du willst es jedem kundtun

Das bleibt auch so zig Jahre lang
Bis doch etwas geschieht
Jemand lügt den Bruder an
Jetzt alles, was er sieht

Vergangenheit ist ausgelöscht
Für ihn nicht existiert
Bleibe zurück enorm enttäuscht
Dass er nur das fixiert

Nur diese eine Lüge ist
Für ihn mehr wert als ich
Weißt du, wie verletzt du bist
Ich dachte, er kennt mich

Auch die Person, die ihn belog
Die ist ihm doch nicht fremd
Die mich ums Brüderchen betrog
Die man auch Mutter nennt

Doch kann ich ihn dafür nicht hassen
Es tut nur einfach weh
Muss wohl lernen loszulassen
Denn er will mich nicht sehn

So versuche ich ab nun
Mich nur noch zu entsinnen
An die alte Zeit, die ruht
Das Band, das uns verbindet

Gläsern

Ob die Sonne draußen scheint
Ob Donner herrscht und Regen
Und du meinst, der Himmel weint
Magst dich nicht raus begeben

Du igelst dich zu Hause ein
Ganz einsam und verlassen
Du magst nicht leben so allein
Und musst ein Herz dir fassen

Dein Tablet muss nun her geschwind
Legst an einen Account
Auf Pinterest und Instagram
Auf Facebook, Twitter wow

Es hagelt Likes und Follower
Antwort auf deine Tweeds
Es kostet dich viel Zeit und Power
Und nur, dass man dich sieht

Schon lang bist du nicht mehr allein
Beschäftigt Tag und Nacht
Stell doch noch schnell ein Selfie ein
Das dich bekannter macht

Es ist ja alles anonym
Niemand dich wirklich kennt
Dein Name nur ein Synonym
So bist du ungehemmt

Du postest hier, ein Bild noch dort
Ein Tweed muss schnell herbei
Wer du wirklich bist – kein Wort
Denkst du in deinem Heim

Doch laufend geht das Telefon
Sind Leute an der Tür
Geplündert ist dein Konto schon
Man hat dich im Visier

Schnell eine WhatsApp abgeschickt
So viele Freunde dort
Doch jeder hier ist eingeknickt
Als Reaktion kein Wort

Ein alter Freund von früher her
Den du nun kontaktierst
Er hilft dir raus, oh bitte sehr
Eh du alles verlierst

Keiner deiner Follower
Der deine Posts geliked
War für dich da, als du in Trouble
Nur der aus dem „Real Life"

Die Anonymität ist vage
Unterschätz es nicht
Gläsern bist du heutzutage
Pass besser auf auf dich

(Mutter)Liebe

Ein Kind füllt's Haus mit Leben pur
So sagen doch die Leut'
Das wünschst du dir im Leben nur
Besser gestern als heut

Doch was ist, wenn du kannst nicht
Kind um Kind gebären
Das Heim bleibt leer, so ist es schlicht
Und du kannst dich nicht wehren

Umsorgen willst und Mama sein
Das ist es was du willst
Ein süßes Kätzchen aus dem Heim
Kann deine Sehnsucht still'n

Du kümmerst dich und ziehst es auf
Das kleine süße Wesen
Und auch wenn sie manchmal faucht
Und stänkert wie ein Besen
Ist sie doch nunmehr wie dein Kind
Das stets zu dir gehört
Deine Gefühle innig sind
Weil sie dich so betört

Glücklich macht ihr euch so lang
Gebt euch einander viel
Doch eines Tages wird sie krank
Du merkst nicht, was geschieht
Es war doch immer alles gut
und nun etwas nicht stimmt
willst helfen ihr und alles tun
bist unsicher, gehemmt

Todkrank das arme Wesen ist
Was sollst du denn nur tun
Ist doch dein Kind, gibt's keine List
Damit es kann ausruh'n

Eine Entscheidung treffen musst
Bereitet dir nur Qual
Zum Abschied sie noch einmal küsst
Hattest du die Wahl?

Es zermürbt dich jeden Tag
Vergessen kannst du's nicht
Doch wenn man jemand mehr als mag
Die Antwort ist ganz schlicht
Unbestreitbar fühlst du das
Das süße Leben ausgehaucht
Und du hast die Schuld daran
Und auf dem Boden krauchst
Eine Lücke ist nun da
In deiner Schuld doch alles liegt
Sei sicher, dass es so nicht war
Dein Kind erlöst im Schlaf sich wiegt

Die stolze Rose

Siehst du die stolze Rose steh'n
Stets nach Bewund'rung giert
So herrlich prachtvoll anzuseh'n
Wie sie sich reckt und ziert
Entzückt verharrst du nun vor ihr
Sie zieht dich in den Bann
Ihr zarter Duft, er gefällt dir
Doch sticht sie dich sodann

Das Veilchen zu ihr im Vergleich
Das ist nicht ganz so schön
Nicht Blütenblätter so zahlreich
Ihm kann man widersteh'n
Doch sieht man sich's genauer an
Dann fällt dir auf vielleicht
Stacheln du nicht finden kannst
Nur Blätter samtig weich

Die Sonnenblume hat an sich
Ein goldiges Gemüt
Die gelben Strahlen bringen dich
Zum Lächeln und zum Glüh'n
Doch wer nun edel duftend mag
Der wird vorübergeh'n
Doch Vögel nährt sie Tag für Tag
Weil sie in ihr mehr seh'n

Weder rosarot noch gelb
Nein weiß ganz pur und schlicht
Die Margerite auf dem Feld
Doch würdigst du sie nicht
Die Flora, die sie rings umgibt
Welkt langsam vor sich hin
Doch die Margerite siegt
Und blüht noch lang im Wind

So frage ich dich, was du dir
Wünschst für dich ab heut
Willst du Optik nur zur Zier
Oder Beständigkeit?
Willst du sanfte Ehrlichkeit
Die du nur für dich hast
Hilfsbereitschaft und auch Freud
Statt Zickerei als Last
Willst du nicht einmal in dich geh'n
Vernebelt Schönheit dir die Sicht?
Die Rose ist schön anzuseh'n
Doch mehr vermag sie leider nicht

Ein Glas Wein

Jahrelang steckst du nur ein
Und kämpfst drum, was du bist
Ein Schicksalsschlag tritt dann noch ein
Weißt nicht mehr ob das ist
Das Leben, das du wünschtest dir
Zerreißt in dir den Leim
Den Leim, der dich zusammenhielt
So trinkst du ein Glas Wein

Gleichgültig wird dir was du fühlst
Und du kommst wieder klar
Doch das Schicksal nicht mitspielt
Das nächste Problem naht
Wie sollst du es denn lösen nun
Dies schreckliche Problem
Kannst nicht entspannen oder ruh'n
Hast ein Glas mehr nun steh'n

Deinen Partner stört es nun
Kann nicht verstehen dich
Er will es nicht und kann nichts tun
Er sorgt sich doch an sich
Doch ufert es nur aus in Streit
In Wut und Balgerei
Es gibt schon lange kein zu zweit
Drum brauchst du jetzt schon drei

Im Handumdreh'n ist es kein Glas
Die Flasche muss herbei
Und ehe du noch merkst, dass das
Dich auffrisst mit der Zeit
Gehört es jetzt zum Tag dazu
Kein Wein, das geht nicht mehr
Kommst doch ohne nicht zur Ruh
Wünschst, dass es anders wär

Du brauchst es doch zum Leben pur
Nur so den Schmerz erträgst
Es ist dein Lebenselixier
Dass dich nun hat geprägt
Entsinnst du dich denn vielleicht noch
Wie's früher einmal war
Warst nicht in einem schwarzen Loch
Das nun aber ist da

Du warst flexibel und mobil
Keine Scham für diese Sucht
Beziehung stand nicht auf dem Spiel
Warst nicht nur auf der Flucht
Vor dir selbst und dem was kommt
Warst dir allem bewusst
Nichts war früher so verschwomm'n
Und du weißt, du musst
Endlich wieder starten nun
Damit du wieder lebst
Raus aus dem Loch in neuen Schuh'n
Doch das kannst nur du selbst

Der Narzisst

Ich habe doch nichts falsch gemacht
So rein ist stets mein Herz
Drum tue ich nichts und lasse dich
Allein mit deinem Schmerz

Ich hab dir das nicht angetan
Warum sollt ich das tun?
Ich bin doch dein geliebter Mann
Lass es doch einfach ruh'n!

Fehler kennt mein Hirn doch nicht
Das hab ich nie getan
Wenn doch, dann hat es kein Gewicht
Ist nur in deinem Wahn

Du denkst, ich fühle nur für mich
Denk doch, was du willst
Auch wenn du dich in Schweigen hüllst
Egal, wie du dich fühlst

Ich bin mir keiner Schuld bewusst
Schuld ist mir unbekannt
Bei anderen stets im Überfluss
Hat mich nie übermannt

Und weil ich so unfehlbar bin
Lass ich an mich nichts ran
Das muss ich nicht, macht keinen Sinn
Weiß doch, dass ich es kann

Ich lüge nie, erfinde nichts
Weil ich das gar nicht muss
Ich quäle nicht, steh stets im Licht
Nur darauf hab ich Lust

Und wenn ich doch gelogen hab
Dann meinte ich es nicht so
Du behauptest es salopp
Doch ich doch nie, wieso?

Und hab ich es doch so gemeint
War's niemals meine Schuld
Schuld ist doch stets der andre – Feind
Verhielt mich immer hold

Tadellos ist mein Charakter
Der nie in Frage gestellt wird
Nennt mir jemand einen Faktor
Wird er einfach ignoriert

Was wagst du es zu tadeln mich
Mein Handeln wär nicht folgenlos
Denkst du denn nicht, dann wüsste ich's
Hier ist der nächste Stoß!

Du willst mich verlassen nun?
Das ist mir so egal
Ich kann doch eh nichts richtig tun
Drum hatt' ich nie die Wahl

Der Narzisst II

Du sagst, es ginge dir nicht gut
Und dass du Schmerzen hast
Da packt mich doch sogleich die Wut
Ich hab die größ're Last

Dein Leid kann doch so schlimm nicht sein
Dass du gleich heulen musst
So lenke ich auch da schnell ein
Und weine mit aus Frust

Meine Tränen riesig groß
Weil es mir so schlecht geht
Was denkst du dir dabei denn bloß
Im Mittelpunkt ich steh

Mein Schmerz wird immer stärker sein
Im Vergleich zu dir
Also verlang nicht, dass ich wein'
Ich wein nur wegen mir

Wie es dir geht, geht mich nichts an
Doch ich bin dir egal
Kümmern sollst du dich und dann
Verringern meine Qual

Ein jeder Mensch auf dieser Welt
Ist nur dafür gebor'n
Damit er mich am Leben hält
Egal, was er verlor'n

Da ich für jeden wichtig bin
Und ja, so muss es sein
Scheide ich einmal dahin
Wird jeder um mich wein'

Irren ist menschlich
Doch bist du ein Narzisst
Bist du unmenschlich gänzlich
Niemals im Irrtum bist

Der falsche Traum

Aufgewachsen in der Gosse
Niemals je etwas gehabt
Wünschst du dir nur eine Flosse
An der man sich festhalten mag

Endlich etwas andres seh'n
Schluss mit Elend und mit Leid
Kannst dir selbst kaum eingesteh'n
Dass dich plagt der Neid

Auf die, die scheinbar alles sind
Reich, berühmt und schrill
So ziehst du hin mit in dem Wind
Ist alles, was man will

Dein ganzes Leben baust du drauf
Zu sein, so wie sie sind
Langsam geht's für dich bergauf
Du kämpfst dafür geschwind

All deine Kraft auch du nur steckst
Erreichen willst dein Ziel
In andren auch die Hoffnung weckst
Erwartest du zu viel?

Du arbeitest so hart an dir
Bis du es endlich schaffst
Es gibt nur dich und niemals wir
Bis du es endlich raffst

An der Spitze bist du nun
Hat sich bezahlt gemacht
Und nun erntest du den Ruhm
Ich hoffe du erwachst

Jeder fühlt den Neid für dich
Wie vorher dein Gefühl
Oh wie glücklich schätzt du dich
Hat alles aufgewühlt

Hast alles nun, was wünschtest je
Gut ... jeden Freund verlor'n
Was gäbst du jetzt für eine Fee
Wenn du jetzt neu gebor'n

Und nochmal fängst von vorne an
Nichts zieht dich in diesen Bann
Etwas auf der Stecke blieb
Hat dich denn irgendjemand lieb?

Das Gras auf der anderen Seite

Warum kannst du denn nur nicht
Zufrieden sein mit dem
Was du hast, ist doch ganz schlicht
Wär einfach und bequem
Doch du besinnst dich nur auf eins
Was du bei anderen siehst
Du willst ihr Glück, ihr Geld, ihr Heim
Aus deinem Leben fliehst

Das Gras ist wirklich immer grün
Wenn es bei anderen wächst
Musst auf der andren Seite steh'n
Willst dort sein, wie verhext
Das einzige, was du dort siehst
Ist dieses grüne Gras
Den Rest du stur zur Seite schiebst
Empfindest eher Hass

In deren Schuhen willst du sein
Beneidest sie darum
Willst haben nur noch deren Heim
Frag dich nur mal, warum
Weil dein Gras schon lang ist braun
Dein Boden trocken ist
Spürst du nur noch Neid und Zorn
Bis du vor Wut schwarz bist

Gar oberflächlich ist es nur
Sich darauf zu beschränken
Was man nicht hat, doch andere pur
Anstatt an das zu denken
Was man schon hat und sich zu freu'n
Gibt vieles, wirst du seh'n
Dies Denken wirst du nicht bereu'n
Wird was mit dir gescheh'n

Kein Neid noch Hass zerfrisst dich
Du kommst langsam zur Ruh
Deine Gefühle legen sich
Und dir geht's wirklich gut

Und du beginnst zu fragen dich
Warum das Gras dort grün
Warum der Boden dort feucht ist
Und einfach alles blüht
So gehst du eines Tages hin
Und fragst, wie man's erreicht
Seine Frau schied ihm dahin
Und Trauer ihn erweicht
Sein Rasen ist nur deshalb grün
weil er auf ihm weint

Doch er hat das Gras so grün
Das was der andere sieht
Möchtest du denn tauschen nun
Auch wenn dir das geschieht?

Wer ist reich?

Gerad zurück von deinem Trip
Ins Cabrio du steigst
Shoppen gibt dir diesen Kick
Du kaufst und shoppst mit Fleiß

Ob du es brauchst, ist dir egal
Wozu das viele Geld
Das du nicht mal verdienst legal
Das Einzige was zählt
Ist ein voller Kleiderschrank
Mit dem du prahlen kannst
Stolzierst herum ganz elegant
Musst glänzen, wenn du tanzt

Über jedes neue Teil
Tierisch du dich freust
Ist zwar nur für kurze Zeit
Ne Stunde oder zwei
Die Freude ist vorüber schnell
Wirst langsam wieder clean
Die Stimmung nicht mehr aufgehellt
Du legst dich einsam hin

Bis du erneut auf Beutefang
Gehst suchend durch die Stadt
Vor dir ein Pärchen Hand in Hand
Guckst dich daran nicht satt
Das arme Pärchen welch ein Graus
Du spottest über sie
Mit den Klamotten geh'n sie raus
Das würdest du doch nie

Ist es Mitleid oder Hohn
Was dir durch den Kopf geht
Betrachtest sie nur mit Argwohn
Und machst dich auf den Weg

Das Pärchen turtelnd glücklich froh
Schlendernd Hand in Hand
Bis sie ihren Kopf anhob
Und fragend schaut ihn an
Hast du vorhin die Frau geseh'n
Die mit den vielen Taschen
Was muss mit so jemand gescheh'n
Das ist ja kaum zu fassen
Wie einsam muss die Frau wohl sein
Dass das ihr Leben füllt
Ganz ehrlich, sie tut mir sehr leid
Ein wirklich traurig' Bild

Wer bin ich?

Ich liebe nicht das, was ich bin
Will jemand anders sein
Bin im Grund Schauspielerin
Und wahre stets den Schein
Ja das wär das Richtige
Für mich in meinem Sog
Da gibt es vieles Wichtige
Und niemand, der je log
Schauspieler mögen alle nur
Die Rolle, die sie spiel'n
Empfandest Empathie doch nur
So lange, bis sie fiel'n

Vielleicht bin ich Modellbauer
Kreiere, was du willst
Von einer großen starken Mauer
Damit du Sehnsucht stillst
Setz um für dich jede Idee
Das macht mich glücklich dann
Die heißtropische Nacht im Schnee
Ich seh', was ich getan

Krankenschwester wär nicht schlecht
So man dir helfen kann
Emotionen sind eher echt
Doch zieh'n sie dich in Bann
Oder vielleicht Programmierer
Schreib dir ein Programm
So bin ich niemals der Verlierer
Zeig allen, was ich kann

Blogger fände ich sehr gut
Da muss man gar nichts tun
Einfach schreiben in dem Sud
Und sich darauf ausruh'n
Vielleicht wäre ich gern Lehrer
Doch was ich lehren kann
Wäre sicher auch ein Fehler
Da wird dir Angst und Bang

Wie viele Jahre braucht man nun
Zu wissen, was man will
Am Ende wirst du aber tun
Was dich führt zum Ziel

Unfair

Entsinnst du dich, als du warst klein
Und schautest in die Welt hinein
Herz und Seele war'n noch rein
So würde es auf ewig sein

Bist unbeschwert und lebensfroh
Böses ist dir unbekannt
Glücklichkeit ganz lichterloh
Doch die Jahre zieh'n ins Land
Ein schwaches Kind, das du gut kennst
Weint sich in den Schlaf
Wurd' angegriffen ungebremst
Obwohl es war ganz brav

Es tut dir leid, du fühlst mit ihm
Doch heimlich ist dir klar
Es traf nicht dich – diesmal nur ihn
Ist nichts mehr wie's mal war
Doch niemals darfst du zugeben
Wie fies das Spiel doch ist
Denn auch du willst überleben
Schluckst runter diesen Mist

Auch du hast Angst vor diesem Typ
Der andere fertig macht
Nur froh, dass du nicht Opfer bist
Gib einfach keine Acht!

Da jeder für sich einzeln denkt
Allein sich hilflos fühlt
Zusammenhalt man nicht erkennt
Und man sich nur einhüllt
Kann dieser Typ nun durchkommen
Ein einz'ger dummer Kerl
Komplexe machen ihn benommen
Drum reitet er dies Pferd

Erkenne doch, was er nur ist
Und was du könntest sein
Wenn du doch nicht alleine bist
Dann ist er allein
Ignorier nicht deinen Freund
Wenn es ihm geht schlecht
Ignoriere deinen Feind
Mit Freunden – so ist's recht

Bumerang

Alles kehrt zu dir zurück
So lehrt es uns das Karma
Wo dann bitte bleibt mein Glück
Mein Leben ist ein Drama

So vieles stets auf mich genommen
War nur für andre da
Nur einen Tritt dafür bekommen
Das nennt man nun Karma?

Was stimmt bloß nicht mit dieser Sicht
Es kann doch nicht so sein
Erwartung ist ein kleiner Wicht
Es trügt der erste Schein

Kleine Lügen, so sagt man doch
Straft der liebe Gott sofort
Und kleine Taten noch und noch
Bringen dich zum bessren Ort?

Da liegt des Gedanken Fehlers
Alles rächt sich, wenn die Zeit
Nicht sofort schnürts dir die Kehle
Manchmal erst entfernt sehr weit

So sieht es mit dem Karma aus
Alles kommt zu dir zurück
Sei geduldig und halt's aus
Es dauert bis zum Glück

Gewohnt

Heute bin ich aufgewacht
Und alles war wie immer
Nichts verändert über Nacht
Noch das gleiche Zimmer

So steh' ich auf wie jeden Tag
Mach, was ich immer tu
Denn so ist es, wie ich es mag
Dann hab ich meine Ruh

Und darauf kommt es doch wohl an
Dass ich mich sicher fühl
So wird mir nicht Angst und Bang
Ein wohliges Gefühl

Na gut, nicht alles ist stets toll
Oft kämpfe ich mit mir
Die Schnauze hab ich so oft voll
Und wünscht, ich wär nicht hier

Wie könnte man das ändern denn
Wenn man nichts ändern will
Warum sollt ich's ändern, wenn
Ich mich doch sicher fühl

Hab ich vielleicht die falsche Sicht
Und Sicherheit nicht wichtig ist
Tagaus tagein das Gleiche tun
Damit mein Herz und Hirn kann ruh'n?

Ein komplett erfülltes Leben
Muss doch etwas anderes sein
Alle Sicherheit in Ehren
Ist doch alles Trug und Schein

Ich müsste Ängste überwinden
Einen Weg aus alldem finden
Müsste vieles neu erlernen
Mich von allem hier entfernen

So viel Neues, welch ein Graus
Ich trau mich doch nicht aus dem Haus
Doch Sicherheit nicht glücklich macht
Änderung nicht in meiner Macht

Und wenn ich diese Macht doch hab?
Nicht gesichert leiden will
Oh das kostet mich viel Kraft
Es wäre ein schönes Gefühl

Also breche ich nun aus
Aus dem Gefängnis hier
Raus aus diesem schönen Haus
Auch wenn ich draußen frier

Glück

Glück ist ein prickelndes Gefühl
Das man nicht oft erlebt
Man fühlt sich sicher im Gewühl
Der Geist ist frei und schwebt

Sorgen lässt man einfach los
Sie sind so weit entfernt
Gedanken werden schwerelos
Ich hab das nie gelernt

Weil niemand das je für mich tat
Zu geben dies Gefühl
Das ist doch nun mal wie man ahnt
Der erste Schritt im Spiel

Wenn du es also nicht vermagst
Und mich unglücklich machst
Warum haben wir es gewagt
Und sind nun eine Last?

All das Glück, nach dem ich strebte
Hing stets von anderen Menschen ab
Weil ich im Spiel, wie ich es lebte
Die Verantwortung trat ab

Denn der Rahmen, den ich zog
Um mein so perfektes Bild
Passte nicht rein, so sehr ich bog
Nun ich nicht glücklich bin

So stellt sich doch erneut die Frage
Hab Glück ich falsch interpretiert?
Ist Glück das, was ich in mir trage?
Von anderen ganz distanziert?

Natürlich, ja das muss es sein
Es liegt allein in mir
Schenk ich mir ein nun reinen Wein
Niemand kann dafür

Glück entsteht nur in dir selbst
Wenn dein Ziel ist rein
Wenn du dort angekommen bist
Dann siehst du sicher ein
Den Rahmen – nein den brauch ich nicht
Der macht doch keinen Sinn
Und ändert nichts an meiner Sicht
Mit der ich glücklich bin

Das Streben nach Glück

Ein materielles Präsent
Das man sicher oft verkennt
Als Wiedergutmachung gedacht
Hat's vielen schon Freude gebracht

Gutmachen kann man vieles nicht
Was sicher uns beide betrifft
Und man an einen Punkt gelangt
An dem das Weitermachen bangt

Entsinnt man sich, wie es mal war
Als die Liebe schien so klar
Man alles für den anderen tat
Das war der Anfang, war die Saat

Was mit der Saat nun ist geschehen
Das konnte niemand vorhersehen
Doch was die Zukunft bringen wird
Sich hinter unser selbst verbirgt

Hinter dem, was uns ist wichtig
Nicht hinter allem, das ist nichtig
Lass uns doch künftig drauf besinnen
Das alte Gefühl zurückgewinnen
Einfach leicht und unbeschwert
Täglich zu schätzen des Anderen Wert
Glücklich könn' wir wieder sein
Lassen wir uns auf den Deal nur ein

Überleben zu welchem Preis?

Eine Maus irrt durch den Wald
Sucht sich ein Zuhaus
Sie hat Hunger, ihr ist kalt
Die arme kleine Maus

Da trifft die Kleine auf den Fuchs
Und klagt dem Tier ihr Leid
Gespitzte Ohren wie ein Lux
Doch dann warf der Fuchs ein
„Ach Mäuschen, was bist du doch schwach
Dein Vorbild das steht hier
Wenn ich wieder Hunger hab
Dann reiße ich ein Tier"

Ein Wildschwein gesellt sich dazu
Hat das Gespräch gehört
„Warum meinst du, dass grade du
Sich gegen jeden wehrt
Ein einzger kleiner Biss von mir
Geschichte du dann bist
Denn ich werd überleben hier
Bevor du Mausi frisst"

Dann kommt der Grizzlybär ins Spiel
Und plustert sich voll auf
„Wenn ich hier überleben will
Dann tret ich auf euch drauf"
Ein jedes Tier in dieser Runde
Will das stärkste sein im Wald
So ein jeder hier bekundet
Dass seine Rasse ist sehr alt

Doch siehe da lugt um die Ecke
Eine winzig kleine Zecke
Auch sie hat etwas klarzustell'n
Und grinst dabei nur wie ein Schelm

„Ich bin zwar klein und ihr so groß
Doch Millionen Jahre alt
Wie wollt ihr das schaffen bloß
Ich mach euch alle kalt
Das mach ich seit Millionen Jahren
Saug einfach jeden aus
Dabei kenn ich kein Erbarmen
Wer wird der erste Schmaus?"

Und wie du siehst, es niemals gilt
Das äußere Erscheinungsbild
Solch ein kleines Ungeziefer
Millionen Jahre überliefert
Und die Moral von der Geschicht'
Die Netten überleben nicht
Um alt zu werden hilft allein
Nur immer für sich da zu sein

Bring and're einfach um die Ecke
Mach es so wie diese Zecke
Jedoch stellt sich die Frage dann
wie man's so lang ertragen kann
Allein und einsam auf der Welt
Weil niemand jemals zu dir hält
Du beißt und beißt mit zu viel Fleiß
Willst überleben – zu welchem Preis?

Die Wendung

Ein Mensch, der nie Liebe erfuhr
Sich jedoch danach sehnt
Egal durch wen, Hauptsache nur
Man wird nicht abgelehnt

Wenn das doch nur das Einz'ge wär
Mit dem man leben muss
So viele Dinge sind so schwer
Doch fasst man wieder Fuß

So viele Prüfungen im Leben
Bei denen man nur eines sieht
Gemocht zu werden ist das Streben
Egal was man dafür hingibt

Nun lernt man neue Menschen kennen
Mit denen man sich gut versteht
Zusammen könnt man Dinge stemmen
So es nun aufwärts geht

Hat man in dem Moment im Sinne
Doch der Kontakt eher selten ist
So fragt man sich, was man gewinne
Wenn du doch trotzdem einsam bist

Oft meldet sich einer von ihnen
Fragt kurz an, wie es dir geht
Du freust dich selbst, wenn du kannst dienen
Der Hauch der Hoffnung der nun weht

So tust und tust du, was du kannst
damit man dich nur mag
stetig du nach anderen tanzt
Dann kommt der neue Tag

Der Tag an dem du Hilfe brauchst
Und langsam du erkennst
Dein Leben ist fast ausgehaucht
Und niemand der dich bremst

Kaum jemand der dir helfen will
Was du so oft getan
In einer Ecke weinst du still
Und fängst zu denken an

Gemocht zu werden ist wohl schön
Doch zu welchem Preis
Dafür vor die Hunde geh'n?
Beende diesen Scheiß!

Gestern

Gestern war ein harter Tag
Ein Streit mit einem Freund
So wie niemand es wohl mag
Hätt es lieber versäumt
Gestern ging ein kleines Stück
Meiner Welt entzwei
Und ich kann nicht mehr zurück
So bleibt es wohl dabei

Ein paar zerbroch'ne Puzzleteile
Sowas zu oft geschieht
Wie wird es sein in einer Weile
Ob man sich wohl vergibt?

Müßig dem die Zeit zu schenken
Was gesagt ist, ist gesagt
Besser nun nach vorne denken
Wie ein jeder es vermag

Gestern du in Scherben lagst
Doch heute ist der erste Tag
Von dem Reste deines Lebens
Denk nicht zurück, es wär vergebens
Heut kannst du wieder vieles ändern
Bau nicht auf den Scherben auf
Dein Leben hat sodann die Wendung
Und du beschwörst dein Glück herauf

Sich öffnen

Wie lange lebst du schon damit
Dich stets ängstlich zu fühlen
Und kämpfst täglich a little bit
Dich in den Schlaf zu wühlen
Man kennt dich nur als Frohnatur
Sogar dein bester Freund
Und ahnt nicht mal im Ansatz pur
Wovon du wirklich träumst

Du möchtest dich nur öffnen ihm
Erzählen, was dich quält
Die Ängste, die stets in dir sind
Dass er nicht zu dir hält
So sei doch tapfer, erzähl dein Leid
Ein Wunder wird gescheh'n
Vielleicht trägt er das gleiche Kleid
In dem er dich geseh'n

Und langsam nunmehr du erkennst
Dass du dich öffnen kannst
Begonnen bei deinem best friend
Erntest nur Toleranz

Dich öffnen und dir eingesteh'n
Was dich so lang geplagt
Vielleicht sollst du den Weg doch geh'n
Und niemand dich anklagt

Das ist der erste wahre Schritt
In dein neues Leben
Sicher ein gewisser Schnitt
Dir diese Angst zu nehmen
So halte nicht an Menschen fest
Die gar nicht zu dir stehen
Die übrig bleiben, sind der Rest
Die wichtig sind im Leben

Sich zu öffnen ist wohl schwer
Mit Ängsten arg verbunden
Sich eingestehen geht einher
Den Mist zu überwinden
Dein Problem hast du erkannt
Musst offen dazu stehen
Musst ausradieren, was dich hemmt
Fang an dich wahrzunehmen
Wer das nicht kann so wie du bist
Ist doch kein wahrer Freund
Deine Entscheidung, ja sie ist
Der Beginn zu allem Neuen
Kein Anzeichen von Schwäche arg
Die Stärke, die du zeigst
Wenn dich nun nicht mehr jeder mag
Im Innern du es weißt

Für dich war es der rechte Weg!

Der Weg

Ich lief durch eine große Stadt
Menschenmengen, sehr belebt
Doch der, der das eine hat
Sich nach dem anderen sehnt
So zog ich auf des Landes Weiten
Verheilen sollte, was mir schmerzt
Vorbei waren die bitt'ren Zeiten
Die Narben trägt dafür mein Herz

Narben, die nie mehr verheil'n
Warum tut es nur so weh
Konnt' ich doch all dem verzeih'n
Worin die Schuld ich seh'.
Wunden heilen wird die Zeit
Doch so stimmt das nicht
Durch dich erfuhr ich Glücklichkeit
Ich sah wieder ein Licht.

Ein Licht, das schien bis in die Nacht
Ich ging genau drauf zu
Sie fesselte mich, diese Macht
Und ich fand neuen Mut.
Woher es kam, das weiß ich nicht
Doch was jetzt ist viel schlimmer
Vor dem Morgen verschwand das Licht
Es blieb nicht mal ein Schimmer.

So gehe ich die Straße rauf
Endloser Wanderweg
Und wenn mein Blick hebt sich hinauf
Dann bleibt nicht mal ein Steg
Ein Steg über den tiefen See
Der nun vor mir liegt
So kann ich nicht mehr zurückgeh'n
Unsicher ob's mir liegt

Ich weiß, das Licht hab ich geseh'n
Ich weiß, dass es dich gibt
Doch ich kann es nicht versteh'n
Dass es so schnell versiebt.
Was soll ich machen, was nur tun
Damit ich wieder seh'
Die Stadt wird nun inzwischen ruh'n
Also ich weiter geh
Weiter auf dem langen Weg
Doch eins, das schwor ich mir
Würd ich jetzt sehen einen Steg
Dann bliebe ich wohl hier.

Warum

Über so vieles im Leben
Denkt man häufig gar nicht nach
Man nimmt es hin als gegeben
Es schwimmt davon im fließend' Bach

Doch dann gibt es die Kehrseite
Du grübelst Nacht für Nacht
Was geschehen war heute
Was man mit dir gemacht
Ein Mensch trat heut an dich heran
Selbstbewusst und dumm
Die Arroganz sah man ihm an
Er schubste dich herum
Er sagte dir, du seist nichts wert
Du hättest kein Talent
Der Menschheit hast du nichts beschert
Er hätte das Patent
Auf alles, was gut ist im Leben
Du kannst hingegen nichts
Niemandem wirst du je was geben
Du merkst, dass er dich bricht
Tag und Nacht denkst du an ihn
An die Worte, die er sprach
Verletzt legst du dich abends hin
Bleibst wach die ganze Nacht
In deinem Kopf schwirrt er herum
Noch viele Tage lang
Ein fremder Mensch, der doch so dumm
Er macht dir Angst und Bang

Dann klopft jemand an deine Tür
'ne finstere Gestalt
Du fragst ihn, kann ich helfen dir?
Er droht dir an Gewalt
Verlangt den Zutritt in dein Heim
Und macht dich sichtlich schwach
Du willst ersticken es im Keim
Und gibst ihm niemals nach
Ein Arsch wie er im Buche steht
Was fällt dem Kerl nur ein
So lange sich die Welt noch dreht
Kommt er hier niemals rein

Nie im Leben würdest du
Ein Arschloch so wie er es war
Ihm diesen Gefallen tun
Ihn in dein Heim zu lassen gar

Dein Heim betreten wird er nie
Dafür du Sorge trägst
Da fragt man sich – oh du Genie
Warum du solche lässt
Tagein tagaus, nachtaus nachtein
Kreisen um dein' Schopf
Ein Arschloch lässt du nicht ins Heim
Warum in deinen Kopf?

Das liebe Geld

Es war einmal ein junger Mann
Den zog nur eines in den Bann
Es war nicht etwa die Begierde
Oder sein Aussehen als Zierde
Nicht die Kaufsucht, nicht der Wahn
Nicht die Rache Zahn um Zahn
Genüsse waren schon erlaubt
Doch nur, wenn man sie anderen raubt
Was wirklich zählte, war nur eins
Geld … und hier am liebsten seins.

Ein jeder denkt an viele Dinge
Wie man Probleme überwinde
Wie lerne ich Menschen kennen
Kann man vor Sorgen schlicht wegrennen
Doch dieser eine junge Mann
War glücklich, wenn er sich besann
Dass alles, was auf der Welt zählt
Nichts andres war, als gutes Geld

So spart er hier, ein wenig dort
Legt an sein Geld in vielerlei
Redet kaum ein anderes Wort
Und mehrt den Reichtum schnell herbei
Es kam selbst vor, dass er mal isst
Auch wenn's gegen die Regel war
Denn Kosten waren ihm zu trist
Nur Einnahmen stets wunderbar.

Viele Jahr' zogen ins Land
Und aus dem Geld wurde Gold
1000 Euro in seiner Hand
begann er jeden Tag so hold.
Kupfer, Silber, Gold, Dukaten
Er konnte nicht genug erlangen
Gab nur noch aus in kleinen Raten
Den Rest hat sich die Bank gefangen.

Das Streben nach dem Reichtum pur
Wie jeder doch nach etwas strebt
Ein jeder sieht sein Vorbild nur
Ob es nun tot oder noch lebt
Ob Che Guevara, ob Ben Hur
Ob Don Juan oder gar List
Ob Beethoven, ob Mozart pur
Sein bestes Vorbild Hans Geiz ist.
Nur eins hatte er noch im Sinn
Wie das Kunstwerk eines Malers
Gab er all die Zeit nur hin
Für des Geizhans' goldnen Taler.

Doch eines Tages, als er sehr alt
Und merkt, das Ende kommt schon bald
Da sitzt er da, an seinem Tisch
Knabbert an dem Billigfisch
Er sieht die Sachen, die er trägt
Die er sein Leben lang gehegt
Und muss bemerken, was oh Graus
Hätt ich gelebt in Saus und Braus

Anders gings mir heute nicht
Vielleicht hätt ich schon eher Gicht
Doch die zwei Jahre, die das wär'n
War es das wert, nur zu spar'n?

Wenn ich ins Gras beiß
Das ist wohl klar
Ist jedes Gold Scheiß
Das ist wohl wahr
Denn wuchs das Geld auch all zu rasche
Das letzte Hemd hat keine Tasche.

Der Baum

Enttäuschung ist des Lebens Sinn
Ja dass ich so empfinde
Liegt wohl an dem, was ich jetzt bin
Nur des Baumes Rinde
Den Rest des Baumes ich nicht seh'
Seine Blätter, bunt im Herbst
Seine Äste, weiß im Schnee
Ich dachte erst, dass du es wärst.

Doch die Blüten fielen ab
Eines jeden Baumes Schicksal?
Ob ich die Schuld wohl daran hab?
Hatte ich die Wahl?
Und dann folgten auch die Blätter
Ich sah dem hilflos zu
Beschwor, es lag nur an dem Wetter
Aber was war's, sag's du!

Reden war nie deine Welt
Es war nicht schwer zu sehn
Dass es dir an Pflege fehlt
Doch wonach sollt' ich geh'n?
Der Winter, der nun hereinbrach
Bracht Sturm, Kälte und Wind
Ich verbrachte ihn hellwach
Wo wohl deine Blüten sind?

Nun der Frühling zog ins Land
Und meine Hoffnung stieg
Ich spürte dich an meiner Hand
Etwas, das mir blieb.
Du blühtest auf in voller Pracht
So herrlich anzusehen
Darüber hat' ich keine Macht
Ich wusst', was war geschehen.

Der wunderbare Schein der Blüten
Strahlt an einem fremden Baum
Ich konnt' dich nicht genug behüten
Für mich war alles nur ein Traum.
Und deshalb denk ich so vom Leben
Hat es überhaupt den Sinn?
Ich konnt' nicht genug dir geben,
drum ich die Rinde bin.

Der Sommer

Ich liege hier auf einer Wiese
Ein Bach fließt dort entlang
Die Sonne strahlt, die ich genieße
Ein duftend blüh'nder Hang
Die Blumen fang'n zu blühen an
Ein unbeschreiblich schöner Duft
Die Vögel zieh'n mich in den Bann
Die zwitschern in der Luft
Ein kalter Winter hinter mir
Der Frühling bricht herein
So einsam und verlassen hier
Wird es nun anders sein?

Den Frühling liebte ich schon immer
Doch den Sommer noch viel mehr
Jedoch ich habe keinen Schimmer
Wie ich das hier übersteh
Der Sommer sollt was Schönes sein
Doch nur die Sonne ist es nicht
Warum fühl ich mich so allein
Alles zusammenbricht.

Nein, den Sommer muss ich meiden
Mag ihn nicht mehr, hab Angst vor ihm
So seh' ich mich doch jetzt schon leiden
Mich drauf zu freu'n macht keinen Sinn.
Etwas, was so schön kann sein
Da bangt mir vor, als wär es Leid
Denn kann ich teilen Sonnenschein
Nicht mit dem, der es teilt
Mit jemand anders, schlimm genug
Doch bin ich ungewiss
Wie er erlebt den Sommertrug
Ob er mich wohl vermisst?

Die Autorin

Claudia W. erblickte 1971 in Potsdam-Babelsberg in der Nähe von Berlin das Licht der Welt. Dort verbrachte sie ihre Schulzeit und absolvierte anschließend ein Studium zur Grundschullehrerin, das nach der Wende aber nicht anerkannt wurde. Eine dreijährige Ausbildung zur Steuerfachfrau folgte, in diesem Beruf arbeitete die Brandenburgerin 25 Jahre lang, bis sie vor vier Jahren die Diagnose Burnout erhielt. Bereits Mitte der 2000er-Jahre hatte sie ihre kreative Ader entdeckt und begonnen, außergewöhnlichen Schmuck zu designen. Dieser Tätigkeit widmete sie sich auch in der Therapiephase. Gleichzeitig kehrte sie zum Schreiben von Gedichten zurück, worin sie sich schon als junges Mädchen ausprobiert hatte. Claudia W. ist verheiratet und lebt seit über 20 Jahren im nordrhein-westfälischen Marl.

novum VERLAG FÜR NEUAUTOREN

Der Verlag

„ *Wer aufhört besser zu werden, hat aufgehört gut zu sein!*

Basierend auf diesem Motto ist es dem novum Verlag ein Anliegen neue Manuskripte aufzuspüren, zu veröffentlichen und deren Autoren langfristig zu fördern. Mittlerweile gilt der 1997 gegründete und mehrfach prämierte Verlag als Spezialist für Neuautoren in Deutschland, Österreich und der Schweiz.

Für jedes neue Manuskript wird innerhalb weniger Wochen eine kostenfreie, unverbindliche Lektorats-Prüfung erstellt.

Weitere Informationen zum Verlag und seinen Büchern finden Sie im Internet unter:

www.novumverlag.com